AF563663

RÉPUBLIQUE FRANÇAISE

MINISTÈRE DES COLONIES

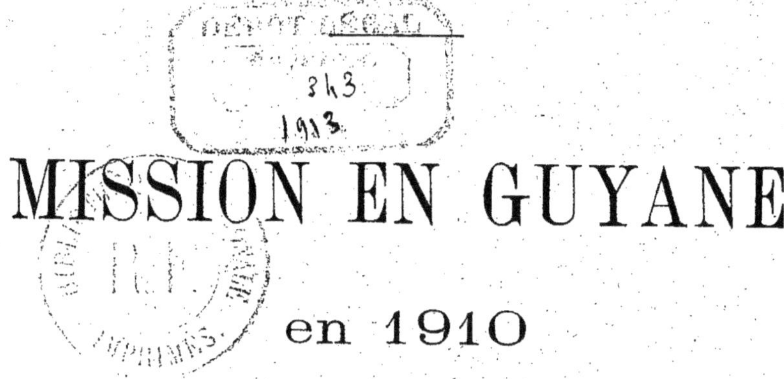

MISSION EN GUYANE

en 1910

Résumé du rapport de M. RENARD

INGÉNIEUR EN CHEF DES PONTS ET CHAUSSÉES

PARIS

ÉMILE LAROSE, LIBRAIRE-EDITEUR

11, RUE VICTOR-COUSIN

1913

MISSION EN GUYANE

en 1910

RÉPUBLIQUE FRANÇAISE

MINISTÈRE DES COLONIES

MISSION EN GUYANE en 1910

Résumé du rapport de M. RENARD

INGÉNIEUR EN CHEF DES PONTS ET CHAUSSÉES

PARIS

ÉMILE LAROSE, LIBRAIRE-ÉDITEUR

11, RUE VICTOR-COUSIN

1913

MISSION EN GUYANE

en 1910

Résumé du rapport de M. RENARD
Ingénieur en chef des Ponts et Chaussées.

De toutes les colonies de la France, la Guyane, qui est une des plus anciennes, est peut-être la moins prospère ; c'est incontestablement la plus décriée. Depuis l'origine il en a toujours été de même, et l'on comprend jusqu'à un certain point que cette persistance dans l'insuccès jette la défaveur sur ce pays et rende les personnes qui ne l'ont pas étudié de près très sceptiques sur son avenir. Mais une étude attentive et objective conduit à une tout autre conclusion.

En ce qui concerne le passé d'abord, on retrouve à chaque période de l'histoire de la Colonie la cause immédiate de ses revers soit dans des événements d'origine extérieure, soit dans les fautes des colons ou du pouvoir central, soit dans la négligence des premiers et l'indifférence de la mère-patrie. Et l'on possède la preuve expérimentale de ce qu'il sera possible de faire le jour où le problème sera abordé résolument. La colonie française n'est qu'une partie, et la moindre, de la vaste contrée désignée par le nom de Guyane, laquelle présente dans toute son étendue les mêmes caractères généraux. Il n'y a qu'à constater ce que les Hollandais et les Anglais ont fait dans ce pays, à côté de nous, pour juger de ce que nous pourrons obtenir, quand nous le voudrons.

Sans même raisonner sur l'avenir, il est facile de constater, comme nous le montrerons plus tard, que, si la Guyane ne jouit pas actuellement de la même prospérité économique que la plupart des départements français, elle est administrativement dans une meilleure situation financière que beaucoup d'entre eux, ce qui montre l'existence d'un fonds réel de richesse. Au lieu d'être à tout propos subventionnée par l'Etat, c'est elle qui le subventionne, et cela n'empêche pas sa gestion financière de se solder régulièrement par d'importants excédents. La Colonie n'a d'autre part aucune dette.

Il y a donc de sérieuses ressources, et l'exemple des voisins montre qu'il est possible d'en tirer parti. Il y aura pour cela des difficultés à vaincre, c'est certain, et malheureusement les plus graves consistent dans le lourd héritage du passé. C'est à l'extérieur la déplorable réputation qu'a acquise la Colonie ; à l'intérieur, ce sont les mauvaises habitudes prises. Pour surmonter ces obstacles, il faudra des efforts énergiques, persévérants et surtout coordonnés : c'est du manque de méthode que la Colonie a le plus constamment souffert. Il faudra un programme, et dans ce programme les travaux publics devront, naturellement jouer un rôle de premier ordre et tout à fait de première urgence. Au cours de notre mission nous nous sommes attaché à déterminer les bases d'après lesquelles devra être abordée cette partie essentielle du problème de mise en valeur de la Guyane, en tenant compte tant des nécessités d'ordre général que des circonstances présentes. Nous résumons ci-dessous le rapport dans lequel nous avons exposé les résultats de cette étude. Pour rendre plus clair ce résumé, nous devons commencer par décrire en quelques mots les caractéristiques principales du pays et de ses conditions économiques.

La Guyane est une vaste forêt parcourue par d'innombrables rivières, et la Guyane française présente cette particularité que ces rivières divergent comme les branches d'un éventail autour d'un nœud ou massif central où presque toutes prennent leurs sources.

L'ensemble du pays se divise, topographiquement et historiquement, en deux parties, qui sont la zone littorale et l'intérieur. La première pourrait être définie comme l'étendue où les rivières sont pratiquement navigables. Ce n'est pas que quelques embouchures ne soient encombrées de roches et de hauts-fonds. Mais en général les embarcations européennes d'une certaine capacité, et même le plus souvent des navires de mer, peuvent pénétrer dans les rivières et les remonter sur une certaine distance. La contrée ainsi parcourue est peu accidentée, sauf la présence de collines isolées et des dernières ramifications des hauteurs de l'intérieur. La forêt y est parfois interrompue par de grandes savanes portant, au lieu d'arbres, une végétation d'arbustes et d'herbes atteignant jusqu'à hauteur d'homme. En dehors de ces collines et de ces savanes, l'altitude du sol est souvent très faible. Près de la côte il descend fréquemment au niveau des plus hautes mers, même plus bas, vers l'intérieur à peu près à hauteur des rivières, au-dessous de leur niveau en saison des pluies. Une grande partie de cette zone est ainsi constituée par des marais : c'est dans ces marais que les Hollandais réussissent leurs plus belles cultures. Quant au rivage maritime, la mer y est partout peu profonde et encombrée d'immenses bancs mobiles de vase molle. Cette vase rend la navigation assez malaisée, et le manque de profondeur ne permet l'accès de la terre qu'aux navires de faible tirant d'eau, ce qui est un des caractères les plus frappant des Guyanes.

Grâce à l'abondance des rivières les premiers colons n'ont pas eu à ouvrir des chemins. Ils se sont répandus le long des cours d'eau, mais en s'arrêtant là où leurs petits navires ne pouvaient plus avancer, c'est-à-dire à la limite de ce qu'on a appelé la zone littorale. Aussi cette zone est-elle la seule dont la colonisation régulière ait été tentée et qui ait jamais porté une population sédentaire. Actuellement celle-ci est groupée en une ville, Cayenne, et un certain nombre de bourgs et de villages constituant 13 communes, auxquelles s'ajoute la « Commune Pénitentiaire » du Maroni.

En remontant chaque rivière on arrive toujours, et généralement à faible distance de la mer, à un rapide, qui peut être considéré comme constituant la limite entre la zone littorale et le « Grand Bois » ou « l'Intérieur ». Celui-ci ne comprend pas de hautes montagnes, mais le sol en est extrêmement tourmenté par un réseau compliqué de collines à flancs abrupts. L'ossature de ces accidents de terrain est composée de roches dures, qui affleurent souvent dans les fonds de vallées et même en travers des thalwegs, ce qui fait que les rivières sont coupées de nombreux rapides, ou « sauts », sans compter les roches isolées. Aussi la navigation n'est-elle possible qu'aux « canots » du pays, ou pirogues creusées dans un tronc d'arbre, dont la robustesse résiste aux chocs et aux fatigues de toute nature, et que leur légèreté permet de traîner sur les rochers, après les avoir déchargées, pour franchir les sauts. Quant à la forêt, elle est composée de grands arbres, de 50 à 60 mètres de hauteur et plus, abritant le fourré tropical, à travers lequel on ne peut généralement avancer que la hache et le sabre à la main. Les arbres riverains des cours d'eau tombent souvent à l'eau, où leur bois, presque imputrescible, se conserve malgré les variations de niveau. Ces arbres occasionnent aux canots des difficultés presque aussi graves que celles des sauts.

Jusque vers le milieu du siècle dernier, quelques rares explorateurs ou missionnaires avaient seuls pénétré dans ce Grand Bois. Depuis la découverte de l'or il a été sillonné en tous sens et abrite de nombreux campements de mineurs. Malheureusement ceux-ci ont été abandonnés à eux-mêmes (sauf par l'impôt). On ne s'est jamais préoccupé de leur faciliter les communications et les voyages se font encore comme sous Louis XIV. On n'a pas davantage cherché à réunir des renseignements sérieux sur le pays. On connaît à peu près les directions générales des principaux cours d'eau et les séries de leurs affluents.

Mais les distances ne sont guère déterminées que par les nombres de sauts ou les nombres de journées de canot. Les cartes de Guyane ne sont encore que des croquis, utiles tout au plus à faciliter la lecture d'un texte.

Que peut-on faire d'un semblable pays ? En dehors de l'or rien ne permet encore d'escompter d'autres industries extractives, et l'or ne peut et doit jouer que d'une façon transitoire le rôle d'industrie prépondérante. Mais l'agriculture et la sylviculture paraissent avoir des perspectives de prospérités indéfinies. La Guyane est comparable aux meilleurs pays tropicaux, avec les mêmes avantages et des inconvénients du même ordre, sauf qu'elle est plus saine et plus facile à habiter que beaucoup d'autres. Le soleil et le paludisme n'y sont pas plus à craindre qu'aux Antilles ; il y pleut davantage, mais on n'y est exposé ni aux ouragans, ni aux volcans, ni aux tremblements de terre. En attendant que l'agriculture puisse y donner des résultats, la forêt offre des richesses directement exploitables. Et tout d'abord il y a l'or.

Il faut bien reconnaître que celui-ci semble avoir été jusqu'ici plutôt un fléau qu'un bienfait. Dès qu'il a été découvert l'agriculture a été désertée et est restée depuis lors à l'abandon. Dans les communes les populations produisent à peine ce qu'elles consomment : Cayenne se nourrit surtout de vivres importés. Mais il ne s'agit pas de récriminer sur le passé : il faut préparer l'avenir. Or, soit dans les anciennes plantations abandonnées de la côte, soit dans le « bois » de l'intérieur, la culture quelle qu'elle soit ne peut produire que grâce à de patients efforts et à une bonne préparation. L'exploitation de la forêt elle-même se prête mal dans son état actuel aux entreprises à rendement immédiat qui attirent presque seules à notre époque la main-d'œuvre et les capitaux. L'or au contraire peut le faire. Mais, quelque profitable que soit cette industrie, l'expérience a montré qu'en Guyane elle ne peut pas devenir prospère si on l'abandonne à elle-même. Elle est écrasée par les difficultés, le coût et les dangers des transports, sans compter les impôts. Les communications de la Colonie avec l'extérieur ne sont possibles que par mer, et elles sont malaisées ; la circulation dans l'intérieur constitue une entreprise d'une difficulté invraisemblable et accompagnée de graves dangers. Ce qu'il faut faire avant tout, c'est de transformer ces conditions, non seulement d'améliorer la navigation maritime, mais aussi et surtout et avant tout de rendre l'intérieur accessible, puisque c'est dans l'intérieur que se trouvent l'or et les bois à exploiter en premier lieu. On attirera ainsi une population, d'abord flottante, si l'on veut, mais dont certains éléments se fixeront pour passer progressivement de l'exploitation de l'or à celle de la forêt, de celle-ci à l'agriculture, et dont une partie refluera sur la côte en vertu de l'attraction qu'exerce toujours la mer. Et ainsi, par l'action de travaux publics bien compris, la Colonie se trouvera, plus vite qu'on ne le pense, à la fois peuplée et mise en valeur. Les Antilles se chargeront de fournir l'afflux de population nécessaire.

Nous sommes ainsi amené à introduire tout d'abord dans le programme de mise en valeur de la Colonie deux articles prépondérants :

Les communications avec l'extérieur, c'est-à-dire le port maritime.

La circulation dans l'intérieur, c'est-à-dire le chemin de fer.

Les circonstances conduisent à traiter en même temps dans le domaine des travaux publics deux autres questions d'une beaucoup moindre envergure. Dans la zone littorale la Colonie a entrepris une route, dont les travaux ne continuent que d'une façon intermittente et dans de mauvaises conditions : que faut-il en faire ? En second lieu la ville de Cayenne est alimentée en eau potable d'excellente qualité, mais en quantité insuffisante et dans des conditions précaires : que faut-il faire pour améliorer ce service ?

Pour chacun de ces quatre articles nous avons dû nous borner à examiner les questions d'ensemble, à en établir le programme et non les avants-projets, pour lesquels le temps et les moyens d'action nous manquaient. En outre, sur la demande du Gouverneur en fonctions à l'époque de notre mission, feu M. Samary, qui partageait notre confiance dans l'avenir de la Colonie, nous sommes entré dans un peu plus de détails, en ce qui concerne les points les plus urgents. Nous avons cherché quels travaux sommaires et immédiatement profitables il était possible et utile d'exécuter dans les limites de dépenses que permettent les ressources actuelles de la Colonie, sans demander l'aide pécuniaire de personne.

Nous dirons aussi quelques mots de l'organisation du Personnel des Travaux publics.

PORT MARITIME

Le port de Cayenne laisse beaucoup et a toujours laissé beaucoup à désirer. Ce n'est pas seulement qu'il soit incapable de recevoir ce qu'on appelle actuellement de grands navires : ce sort est commun à tous les ports des Guyanes, sauf vers l'Amazone. Ce qu'on lui reproche à juste titre, c'est d'être dans un état de grave infériorité par rapport aux ports des Guyanes hollandaise et anglaise. Comme il en est malheureusement de même à tous les points de vue de la colonie française par rapport à ses voisines, il y aurait lieu, nous semble-t-il, de se demander d'abord si ce défaut particulier provient des conditions spéciales des lieux, ou bien, comme les autres, du manque d'efforts rationnels, coordonnés et persévérants. Depuis quelques années une réponse très nette à cette question a été mise en avant par un certain nombre de personnes, mais sans qu'il paraisse qu'elle soit le résultat d'un examen bien approfondi. On a admis, sans discussion ni hydrographique, ni économique, ni politique, qu'il n'y avait pas d'amélioration possible sur place, et, sans se rendre compte des difficultés et des dépenses que cela entraînerait, on a proposé d'abandonner Cayenne et de transporter ailleurs le principal établissement maritime et la capitale de la Guyane française.

Nous ne sommes pas de cet avis, parce que nous avons reconnu qu'il n'y avait aucun motif pour quitter Cayenne, et qu'au contraire partout ailleurs on serait moins bien. Le nouveau port ne pourrait être situé que sur une rivière, comme tous les ports des Guyanes. Un examen rapide suffit à écarter toutes les rivières autres que le Maroni. Aussi les partisans de l'abandon de Cayenne conseillent-ils l'adoption du Maroni, et ils peuvent invoquer en sa faveur un fait réel : la profondeur un peu plus grande, au moins actuellement. Mais à y regarder de près la différence est loin d'être décisive ; elle est de moins de 1 mètre. Cela ne suffit pas pour classer les deux ports dans des catégories différentes ; ce sont l'un comme l'autre des ports de petits navires. De plus, quelque paradoxal que cela puisse paraître, Cayenne, moins profond actuellement, peut employer à son commerce des navires de plus grand tirant d'eau. La barre du Maroni est en nature de sable, et la mer y est dure. Il y faut donc toujours réserver un jeu entre la quille et le fond, et les échouements s'y transforment presque toujours en naufrage. La barre de Cayenne au contraire est formée de vase tellement molle que les voiliers eux-mêmes passent en la labourant. En outre, si le navire reste échoué, il est facile de l'alléger sur la barre où il ne court aucun danger ; l'opération est considérée comme courante à Cayenne ; elle est même tarifée. Au Maroni elle serait impraticable. Evidemment ce n'est qu'un expédient. Mais à Cayenne il se pratique à des distances et dans des conditions telles que, même si c'était le procédé normal d'exploitation du port, la situation de celui-ci n'en serait pas moins supérieure à celle de beaucoup de places de commerce maritime (nous n'osons pas dire ports) fréquentés depuis longtemps, par exemple sur la côte occidentale d'Afrique et en Méditerranée.

Il faudrait donc d'autres considérations que celle de la profondeur pour justifier une opération aussi coûteuse et aléatoire que le déplacement d'une capitale et d'un centre commercial. Mais toutes ces autres considérations sont en faveur de Cayenne. Tout d'abord cette ville occupe la situation la plus saine des côtes de la colonie : en l'aménageant bien elle deviendrait une des plus saines de toutes ces régions. Le Maroni se prête beaucoup moins bien à l'établissement d'une ville. Près de l'embouchure, les environs seraient malsains ; le problème de l'eau serait presque insoluble. Pour trouver mieux, il faudrait, comme le proposent la plupart des partisans du Maroni, remonter jusqu'à Saint-Laurent, centre actuel de l'Administration pénitentiaire. Mais les grandes profondeurs du fleuve cessent au-dessous de ce point ; l'alimentation en eau serait encore très difficile et exigerait d'énormes travaux (actuellement on se contente de puits). Les installations existantes ne conviendraient pas pour une ville : il faudrait en sacrifier la plus grande partie, reconstruire le pénitencier ailleurs à grands frais et bâtir toute la ville à neuf. D'autre part le Maroni est un fleuve international ; non seulement le port et la capitale de la colonie seraient à portée de fusil d'un territoire étranger ; mais, même en temps de paix, on ne pourrait faire aucun travail susceptible d'influer sur le régime du fleuve sans l'assentiment du Gouvernement Néerlandais.

Enfin un argument d'ordre économique invoqué par les partisans du Maroni s'est retourné contre eux depuis que la question a été mieux étudiée. Ils observaient que, l'or étant la principale industrie actuelle et la seule chance prochaine de développement de la Guyane, les groupements les plus importants de placers se trouvent dans la région des sources des affluents du Maroni et de la Mana. Ils croyaient en faciliter l'accès en plaçant le port maritime sur le Maroni. De fait l'Inini, centre de ce groupe, est aussi voisin des sources de l'Aprouague et des affluents de l'Oyapoc, à cause de la distribution que nous avons signalée des cours d'eau de la Guyane française. Il a été reconnu que l'accès en est plus facile et plus rapide par l'Est que par l'Ouest ; déjà maintenant de nombreux placériens préfèrent y monter par cette voie. Le chemin de fer de pénétration à construire sera plus court en partant de Cayenne, tout en traversant des terrains de même allure. Il sera donc moins coûteux à établir et assurera un transport plus économique et plus rapide. Cette raison suffirait à elle seule pour faire chercher l'emplacement du port vers l'Est et non vers l'Ouest.

Le Maroni ne pourrait donc être pris en considération que si on était obligé d'abandonner Cayenne un jour ou l'autre, comme le prétendent ses adversaires qui présentent ce port comme soumis à un envasement progressif et voué à un comblement inévitable. C'est une erreur, une affirmation avancée à la légère, comme beaucoup de celles qui ont cours relativement à la Guyane. Les *Instructions nautiques de la Marine française*, publication mise dans le commerce, disent formellement et expliquent en détail que c'est un phénomène qui se reproduit tous les dix ou quinze ans ; en 1902 on annonçait l'envasement actuel. Nous avons retrouvé, dans cet ouvrage et ailleurs, des profondeurs relevées à de nombreuses époques et en remontant jusqu'en 1764 ; ces chiffres montrent qu'à maintes reprises la situation a été plus mauvaise qu'elle ne l'est maintenant. On ne voit pas de raisons pour que des travaux rationnels ne réussissent pas à améliorer la rivière de Cayenne comme tant d'autres, et à lui permettre de recevoir régulièrement des navires aussi grands que ceux qui fréquentent Demerara et Surinam.

Il ne s'agit pas cependant de passer immédiatement à l'exécution, et cela pour deux motifs. En premier lieu on sait que des travaux de correction de rivière ne peuvent réussir que si le projet est basé sur des études sérieuses des conditions locales : à Cayenne ces études ne sont pas commencées. De plus ces travaux nécessiteront une mise de fonds importante, se chiffrant par millions. Comme nous l'expliquerons bientôt il ne serait pas raisonnable de dépenser actuellement de pareilles sommes pour le port : la Colonie a des besoins plus urgents, et son développement réclame d'abord l'exécution immédiate de travaux plus pressés. Mais nous ne voulons pas dire qu'il n'y ait rien à faire maintenant dans le port. Même pour son modeste trafic actuel, la situation est intolérable. Sans chercher trop tôt à transformer le port, il faut le rendre exploitable. Naguère encore il était impossible de communiquer à basse mer entre les navires et la terre ; quant aux chalands, ils ne peuvent approcher la terre qu'aux grandes marées. Cette situation n'est d'ailleurs pas nouvelle : les auteurs du XVIIIe siècle la décrivaient déjà, et on s'est plaint à plusieurs reprises de difficultés semblables au cours du XIXe siècle.

A notre connaissance on a essayé à trois reprises, et avec un égal insuccès, d'y remédier d'une façon permanente. Des quais maçonnés construits il y a quelques années et mal tracés se sont rapidement envasés. Deux appontements en bois édifiés, l'un vers la fin du XVIIIe, l'autre vers la fin du XIXe siècle, n'ont eu qu'une existence éphémère. N'étant portés que par de la vase, ils ne présentaient pas de résistance aux efforts des embarcations qu'on y accostait, et en outre les vers marins ont rapidement détruit leurs pieux. Nous ne pensons pas qu'on puisse utilement tracer des quais avant que les travaux d'amélioration de la rivière n'aient déterminé et fixé la nouvelle rive. Des appontements sur piles maçonnées seraient très coûteux à fonder, et des appontements métalliques manqueraient de résistance latérale. Le système à adopter nous paraît devoir être imité des travaux que M. Dupuy, alors chef du service des Travaux publics, a entrepris en 1910. Pour construire une cale accostable à basse mer, à l'usage des personnes et des colis légers, il a établi des cordons d'enrochements en jetant dans la vase des moellons à pierres perdues. Ces cordons prennent au bout d'un certain temps une stabilité suffisante pour qu'on puisse leur faire porter des appontements ainsi fondés au-dessus des basses mers et faciles à entretenir.

Nous avons conseillé d'établir une ligne d'enrochements de ce genre depuis la nouvelle cale jusqu'à l'embouchure d'un canal, dit canal Laussat, où se concentre tout le mouvement des embarcations qui circulent aux environs de Cayenne et une partie de celui des allèges. On pourra construire sur ce cordon des appontements suffisants pour faire face à un trafic quatre ou cinq fois supérieur au mouvement actuel, ne compromettant pas l'avenir et utilisables par la suite. On devra les compléter par quelques éléments de digues pour diriger les courants et aussi pour fermer un faux chenal qui semble très nuisible. Nous espérons qu'on réussira ainsi, pour une dépense d'environ un million, à mettre Cayenne dans un état qui permettra d'attendre, dans des conditions très acceptables, que l'enrichissement de la Colonie nécessite et permette la transformation radicale et l'amélioration définitive de son port.

CHEMIN DE FER

Nous avons dit que la Colonie avait des besoins plus urgents que les grands travaux de transformation de son port. Ceux-ci seront nécessaires quand la Guyane sera enfin sortie de sa stagnation séculaire, et ils lui permettront d'arriver à son entier développement. Ils auront pour but l'amélioration des conditions d'accès et de séjour des navires, ce qui n'aurait pas de conséquences pratiques aussi longtemps que la situation économique actuelle ne sera pas transformée. Les navires naviguent pour transporter des marchandises et non pas pour visiter de beaux ports. On voit d'excellents ports sans navires : il est inutile d'en construire un de plus à Cayenne ; là où le commerce est prospère au contraire, on se passe à la rigueur de ports, au moins provisoirement. Nous ne disons pas qu'ils soient inutiles, loin de là, ni que leur construction ne contribue pas à augmenter un trafic préexistant ; mais ils ne suffisent pas à le créer. Depuis de longues années la Guyane vit de la seule exploitation de ses mines d'or, poursuivie par des méthodes rudimentaires ; cette exploitation ne prospère pas, et l'on n'arrivera à quelque chose que si on rajeunit les procédés de l'industrie aurifère tout en créant d'autres industries, en un mot si on organise l'exploitation de l'Intérieur. La principale raison de la mauvaise situation actuelle consiste dans la difficulté de la circulation intérieure. La mise en valeur de la colonie est possible et réussira certainement, mais cela exige des moyens de transport entre l'intérieur et la mer, c'est-à-dire un chemin de fer de pénétration.

Nous spécifions chemin de fer de pénétration : il faut, en effet, écarter jusqu'à nouvel ordre le chemin de fer côtier de Cayenne à Mana, qui a été demandé à une certaine époque. Cette idée a surgi parce que le littoral seul porte actuellement une population sédentaire ; mais celle-ci, Cayenne comprise, n'est que de 81 personnes par kilomètre du tracé d'une ligne côtière (26 sans Cayenne), et la région ne peut guère produire que des vivres pour ces rares consommateurs. Il n'y a rien à faire de ce côté pour un chemin de fer tant que la population à alimenter n'augmentera pas. De plus, les communications sont suffisamment assurées pour le moment par la voie de mer. Le chemin de fer côtier a d'ailleurs été écarté par le Conseil général, qui s'est prononcé, au contraire, à plusieurs reprises pour le chemin de fer de pénétration.

Il est maintenant reconnu qu'il faut avant toute autre chose assurer les communications entre Cayenne et l'Inini : le nom de cette rivière sert à désigner le groupe de placers dont nous avons déjà parlé et qui est le centre le plus actif de l'industrie de l'or. La distance totale est d'environ 220 kilomètres et la dépense nécessaire à la construction complète dépasse sans doute le montant des ressources que la Colonie pourra réunir. Elle est en tout cas suffisamment importante pour qu'il y ait avantage à la réduire. D'autres colonies trouvent de l'argent pour des entreprises bien plus aléatoires, mais en Guyane il faut compter avec la mauvaise réputation du pays.

Le premier et le plus sûr moyen de diminuer les dépenses, c'est de réduire la longueur à construire. Mais pour cela il ne faudrait pas commencer la pose du rail à Cayenne et s'arrêter provisoirement en route. La question a été discutée à plusieurs reprises, tant au Conseil général que dans des rapports administratifs, et il a été reconnu que le chemin de fer ne sera utile que quand il aboutira à l'Inini. Toute construction arrêtée en deçà constituerait une dépense improductive. C'est en sens inverse qu'il faut chercher la réduction de longueur, en profitant des facilités qu'offrent pour la navigation régulière par bateaux à vapeur les parties basses des rivières du bassin de Cayenne. Sans affronter la mer, et au prix de quelques dragages on peut ajourner les 60 kilomètres les plus coûteux du chemin de fer. Le coût de ces dragages, augmenté des frais d'acquisition du matériel naval, sera 12 à 14 fois moins élevé que celui des 60 kilomètres de ligne. La voie navigable permettra d'effectuer les transports sur cette première section d'une façon très satisfaisante tant que le trafic ne sera pas devenu très intense.

Cette combinaison de transport mixte, bateau et rail, est appliquée en bien des points avec succès. Ce n'est d'ailleurs pas pour convaincre les Guyanais que nous insistons. Après l'échec d'une tentative de concession accordée en 1902, comportant arrêt provisoire à moitié route, le Conseil général a discuté la question à fond en 1904 et adopté la conclusion exposée plus haut. Il a fait ensuite venir une mission technique sous les ordres du capitaine du Génie, actuellement commandant, Refroigney, lequel, après étude sur le terrain, a encore conclu dans le même sens. La question est tranchée : on peut procéder aux études définitives sur le tracé Refroigney.

Pour réduire la dépense au minimum, il ne suffit pas de réduire la longueur à construire : il faut aussi travailler le plus économiquement possible. Sur ce poiut nous nous séparons du commandant Refroigney. Cet ingénieur déclare qu'il s'est efforcé de « déterminer les éléments de la voie ferrée, en vue d'assurer, non pas le trafic actuel, ni même le trafic probable à l'ouverture de la ligne, mais le trafic qu'on est en droit d'espérer lorsque la Colonie aura acquis son entier développement ». Il est arrivé ainsi, pour les 160 kilomètres à construire depuis le point de départ choisi, le « Dégrad » (1) Cacao, sur la rivière Comté,

(1) On appelle « dégrads » les points de débarquement sur les rivières.

à une estimation de 30 millions, frais financiers non compris. Si on peut trouver cette somme, la ligne qu'elle permettra de construire ne sera pas trop luxueuse pour le trafic auquel elle devra faire face dans l'avenir. Mais si, comme il est à craindre, on n'obtient pas actuellement 30 millions, on peut se montrer moins exigeant et néanmoins se tirer d'affaire. Selon une expression célèbre, à défaut de grand chemin de fer, un « sentier de fer » suffira pour provoquer l'essor de la Colonie. L'outil sera ensuite perfectionné au fur et à mesure des besoins.

Pour sortir des généralités nous avons recherché le trafic à prévoir dans les débuts, c'est-à-dire en ne faisant état que de l'exploitation des placers desservis par le tracé choisis, sans escompter l'établissement d'aucune industrie nouvelle, sylvicole, agricole ou autre. Nous avons reconnu qu'on aura peut-être à transporter annuellement dès le début 24.000 voyageurs (12.000 dans chaque sens) et 6.000 tonnes de marchandises à la montée ; on peut négliger pour les commencements le mouvement des marchandises à la descente. On pourra faire face à ce trafic avec six trains réguliers dans chaque sens par semaine et quelques trains supplémentaires, tous ne marchant que de jour, à une vitesse moyenne de 17 kilomètres à l'heure et pesant 80 tonnes au maximum. On voit quel modeste outil suffira au début. En adoptant d'emblée la voie de 1 mètre pour faciliter les améliorations ultérieures, on pourra, même en Guyane, construire cette ligne de 160 kilomètres pour moins de 20 millions, y compris l'organisation du transport fluvial et peut-être même les frais financiers. Rien qu'en augmentant un peu le matériel roulant et quelques installations de gares cette voie ferrée sommaire pourra assurer, avant d'exiger des améliorations et des transformations importantes, un trafic double ou triple de celui que nous avons défini plus haut.

Quant aux résultats directs, ce trafic prévu peut, au premier abord, paraître bien faible. Cependant avec des tarifs coloniaux l'exploitation sera avantageuse. Les prix que nous avons proposés sont inférieurs à ceux que le Conseil d'Etat avait admis en 1900 en vue de la concession alors à l'étude ; ils sont inférieurs également à ceux de beaucoup de chemins de fer existants, notamment au Brésil. En même temps, malgré leur élévation apparente, ils constitueront un immense progrès sur l'état de choses actuel. Ils permettront à un mineur de se transporter à l'Inini et d'y recevoir six mois de provisions pour moins de 300 francs ; cela coûte actuellement 1.200 francs. La durée du voyage à la montée comme à la descente sera de un jour de bateau à vapeur, un jour de chemin de fer, et zéro à trois jours dans la région des placers, tandis que, les pirogues mettent trois à six semaines dans un sens et dix à vingt jours dans l'autre. Le temps perdu et l'entretien pendant ces transports ne sont pas comptés dans la somme de 1.200 francs.

Avec ces prix, le trafic chiffré plus haut laisserait un bénéfice d'exploitation de plus de un million, suffisant pour rémunérer le capital de construction. Cette heureuse éventualité risque évidemment de ne se produire qu'au bout de quelques années, car elle correspond au maximum du mouvement à espérer à l'ouverture de l'exploitation. Nous avons également calculé le minimum au-dessous duquel on est sûr de ne pas rester. Nous l'avons même arrêté très bas, puisque nous le fixons annuellement à 5.250 voyageurs dans chaque sens et 2.500 tonnes de marchandises à la montée. Dans ces conditions on obtiendrait encore un produit net de plus de 300.000 francs et le mouvement ira en croissant très rapidement. Le chemin de fer de Guyane est une entreprise qui « paiera », peut-être dès l'origine, au plus tard au bout d'un très petit nombre d'années. Et, ce qui est plus important, il transformera la Colonie.

C'est une grosse entreprise qui ne pourra réussir qu'avec l'aide de la Métropole. Mais la Colonie peut dès maintenant la préparer en exécutant quelques opérations immédiatement profitables. La première consiste à draguer le Tour de l'Ile, canal naturel qui fait communiquer la rivière de Cayenne avec la rivière Comté ; ce canal a porté des navires de mer, mais il est devenu difficile pour les simples chaloupes. Nous avons estimé à 450.000 francs les dépenses nécessaires pour obtenir une profondeur de 1 m. 50 sous basse mer. Depuis notre passage, avec de simples travaux à la pelle et à la pioche, sur les crédits d'entretien, on a déjà, paraît-il, amélioré la situation.

Il y a plus. La mission Refroigney avait ouvert et débroussaillé une piste allant de Cacao au placer Souvenir. Il paraît que la circulation s'y est immédiatement portée, et que pendant six mois des placériens y ont fait la route à pied. Malheureusement la Colonie s'en est désintéressée ; on n'a fait aucun entretien et au bout de six mois la piste n'était plus praticable. On peut encore la reconnaître. Il serait peu coûteux de la rétablir et d'en assurer un entretien suffisant. Ce sentier rendrait des services immédiats et, en dehors des avantages qu'il offrirait au public, il faciliterait beaucoup les études du chemin de fer et la préparation de sa construction. Cette voie provisoire ne coûterait que de 100.000 à 200.000 francs, selon l'importance qu'on donnerait aux passerelles.

ROUTE COLONIALE

La route coloniale n° 1 est classée depuis longtemps de Cayenne à Sinnamary, Mana et même Saint-Laurent du Maroni. Il existe sur ce tracé d'assez nombreux ponts en bois. Un bac à rames fonctionne à Kourou. On peut dire que, sauf les périodes d'inondation et le mauvais état de certains ponts, la circulation des piétons, des cavaliers et même des voitures légères est possible entre Sinnamary et la Pointe Macouria. De là les personnes peuvent se rendre à Cayenne par un service régulier de canot à hélice.

En 1907-1908 la Colonie a voulu transformer la piste en route carrossable. Cette entreprise, qui n'a pas réussi, constitue une expérience remarquable, qui sera toujours utile à étudier quand il s'agira d'organiser des travaux en Guyane. L'échec est dû à ce qu'on a voulu entreprendre une trop lourde tâche et l'exécuter trop hâtivement avec des moyens techniques insuffisants. L'exécution en régie de près de 100 kilomètres de route, pour moitié dans un pays presque inhabité, a été confiée à un groupe de commis des Travaux publics manquant d'expérience, qu'on a mis à l'œuvre sans instructions et sans direction compétente. Ils ont tout commencé à la fois, sur des avant-projets inutilement luxueux, et, au bout de quelque temps, on s'est aperçu qu'il avait été dépensé 550.000 francs et qu'il n'avait été fait rien d'utilisable. On a alors changé de méthode. Après examen et discussion on a confié les crédits restants à un conducteur des ponts et chaussées habitué aux travaux, en l'autorisant à concentrer ses efforts sur une seule tâche. En payant de sa personne il a construit une section de 19 kilomètres, de la Pointe Macouria à Tonate, avec ouvrages définitifs et chaussée empierrée, pour moins de 11.000 francs par kilomètre, avec emploi de la main-d'œuvre pénale. Il est donc démontré qu'avec du soin, de la méthode, du dévouement et l'expérience du métier, on peut réussir des travaux en Guyane dans des conditions de prix raisonnables.

Actuellement la première question à se poser est celle-ci : Y a-t-il lieu de reprendre le travail et de continuer la construction ? Pour répondre à cette question il faut d'abord rechercher de quelle utilité peut être la route. A ce point de vue le tracé se divise en plusieurs sections très différentes.

De Tonate à Kourou (23 km.) la région traversée est réellement habitée et cultivée. La population est assez clairsemée et ne produit guère que ce qu'elle consomme. Mais il y a quelque chose, et rien ne prouve que la production n'augmenterait pas si l'envoi des produits à Cayenne devenait possible. Le village de Kourou a plusieurs centaines d'habitants et est situé entre trois établissements de l'Administration Pénitentiaire. En somme l'achèvement de cette première section nous paraît utile.

La deuxième section, de 50 à 55 kilomètres de longueur, s'étend de Kourou à Sinnamary. Sauf les trois ou quatre premiers kilomètres, et une étendue de même longueur à peu près à Malmanoury, la région n'est guère peuplée. C'est à peine si de loin en loin on aperçoit une maison. Le sol est le plus souvent en nature de savane, et l'on voudrait y développer l'élève du bétail, pour éviter d'importer, comme on le fait actuellement, toute la viande de boucherie consommée à Cayenne et au Maroni. Tant que la population de la Guyane n'aura pas augmenté, cette industrie ne pourra pas devenir prospère, et, si la question était entière, la convenance de construire cette section serait très discutable. Mais il y a des précédents : il y a une piste, des ponts, qui exigent d'ailleurs des réparations, et on a déjà fait espérer une route aux intéressés. Il n'est pas irrationnel de rendre la piste plus praticable. Pour cela il faut en rectifier le tracé, assurer l'écoulement des eaux et refaire ou réparer les ponts. Ensuite, si la Colonie désire faire des terrassements et une chaussée, comme elle en a les moyens financiers, nous ne voyons pas de motifs pour qu'on s'y oppose.

Au delà du chef-lieu de Sinnamary, on peut déterminer une autre section s'étendant jusqu'à Korossony, village de la même commune, et même jusqu'à Iracoubo (40 kil.). Cette commune est difficile d'accès, à cause de l'insuffisance de sa rivière et n'est pas desservie par le service de bateaux à vapeur subventionné. On pourrait donc prendre en considération sa jonction par terre avec le port de

Sinnamary ; mais on ne pourra penser à l'exécution que dans un avenir impossible à préciser pour le moment.

Il en est *a fortiori* de même au delà d'Iracoubo. Les relations de commune à commune n'ont aucune importance. Pour celles avec Cayenne l'utilité de la route décroît à mesure que la distance augmente, d'autant plus que, sauf Iracoubo, les communications sont faciles par mer.

Nous concluons qu'il n'y a à s'occuper pour le moment que de la construction complète de la route entre Cayenne et Kourou, de l'amélioration de la piste entre Kourou et Sinnamary et éventuellement de sa transformation en route régulière empierrée.

La première partie de ce programme soulève une question spéciale, la traversée des rivières de Cayenne et de Kourou. Elles sont trop importantes et la route l'est trop peu, pour qu'on puisse les franchir par des ponts. A Kourou il n'y a qu'à remplacer le bac à rames par un bac à vapeur, en le dotant de bonnes rampes d'embarquement. Quant au service par chaloupe entre Cayenne et la Pointe Macouria, il doit être abandonné si on veut que la route serve à quelque chose. C'est en somme une traversée de mer, et il faudrait un véritable navire pour transporter des voitures, du bétail et même des quantités importantes de denrées. L'usage de ce navire comporterait des sujétions d'embarquement et de débarquement aux deux extrémités du parcours ; dans l'état actuel le débarquement des personnes à Cayenne coûte plus cher que la traversée. Rien n'est plus facile au contraire que de se borner à franchir la rivière à Macouria même par un bac ; on abordera ainsi, sur l'île de Cayenne, à quatre kilomètres d'une route carrossable existante, à laquelle le point de débarquement est déjà relié par une piste carrossable avec ponts en bois, facile à transformer en route.

L'organisation des bacs et la construction de ce dernier tronçon de route coûteraient 150.000 francs. Pour la construction, reconstruction ou réparation des ponts et aqueducs il faut compter 100.000 francs jusqu'à Kourou et 200.000 au delà. Les terrassements et la chaussée valent 200.000 francs pour la première section et 550.000 pour l'autre, en employant la main-d'œuvre pénale. Au total, pour avoir une bonne route entre Cayenne et Sinnamary, il y a 650.000 francs ou 1.200.000 francs à dépenser, selon qu'on ajournera ou non la chaussée entre Kourou et Sinnamary.

Ces chiffres sont établis en supposant qu'on travaillera comme on l'a fait entre Macouria et Tonate, sans hâte ni perte de temps, avec une stricte économie et beaucoup de méthode et de soin, et en utilisant le travail des condamnés. En second lieu, avant de prendre une décision au sujet de sa route, la Colonie devra se dire qu'il est inutile de la construire si on n'assure pas son entretien. On ne peut guère estimer celui-ci à moins de 50.000 francs par an, service des bacs compris, en se bornant au minimum et en escomptant les économies qu'on peut réaliser en sachant se servir de la main-d'œuvre pénale.

SERVICE DES EAUX DE CAYENNE

Cayenne reçoit des eaux superficielles emmagasinées dans trois lacs artificiels, créés en barrant certaines vallées d'un ensemble de collines dénommé massif ou table du Mahury, à une douzaine de kilomètres de la ville. Deux conduites d'amenée en fonte ont été construites pour aboutir à deux réservoirs de distribution, l'un de 500 mètres cubes, l'autre de 2.000 mètres cubes. Cet ensemble, constitué progressivement en plusieurs étapes, est assez compliqué dans les détails et fonctionne mal. Le système de distribution laisse aussi à désirer : les abonnés sont desservis au robinet libre, les conduites étant censées n'être en charge qu'une heure le matin et une heure le soir, successivement dans les différents quartiers. L'eau est très agréable au goût et d'excellente qualité d'après les études faites en 1903 par le Service de santé.

Elle est distribuée en quantité insuffisante, et on se préoccupe avec raison de cette situation. Cédant à une tournure d'esprit trop fréquente en Guyane, on n'a pas recherché d'abord si on pouvait tirer meilleur parti de ce qu'on avait. On a proposé de faire du neuf, en construisant deux nouveaux réservoirs d'emmagasinement près des anciens, sans même se préoccuper d'amener les nouvelles eaux ainsi recueillies. Or on perd déjà une grande partie, peut-être la plus grande partie de celles dont on dispose. Une des deux conduites d'amenée, la plus faible heureusement, est coupée, et l'autre est partiellement obstruée. Elle part d'ailleurs de celles des vallées utilisées qui donne le moindre débit ; les eaux des autres lacs lui sont amenées par un caniveau mal disposé et insuffisant. Le résultat, c'est que même en saison sèche les trop-pleins débitent constamment au Mahury, laissant l'eau s'écouler à la mer en pure perte, tandis qu'on se plaint d'en manquer à Cayenne. Les digues des réservoirs elles-mêmes ne sont pas étanches et laissent perdre de l'eau.

Pour améliorer la situation il faut tout d'abord étancher les digues, remettre en service la conduite coupée en la faisant aboutir au grand réservoir de distribution, et refaire la canalisation amenant l'eau du lac principal à la plus forte conduite d'amenée. En dépensant 65.000 francs on augmentera ainsi de plus de 50 0/0 le débit arrivant en ville, tout en accroissant la sécurité. On diminuerait beaucoup le gaspillage en installant des compteurs chez les abonnés. La Colonie aurait avantage, pour y arriver, à prendre la première fourniture à sa charge, ce qui lui coûterait une cinquantaine de mille francs. Il serait également nécessaire de poser de nouvelles conduites de distribution pour une somme semblable à la précédente.

On pourrait ensuite faire divers travaux d'amélioration aux lacs du Mahury, et réparer la conduite actuellement en service ; l'ensemble coûterait 85.000 francs. On obtient ainsi une capacité d'amenée de 3.700 mètres cubes journaliers, plus 280 litres par habitant, avec une distribution bien organisée. Il est plus que probable que les lacs actuels fournissent ce débit toute l'année.

Nous estimons qu'il serait ensuite prudent de doubler le grand réservoir de distribution, travail estimé 200.000 francs. Si ensuite les besoins augmentaient on pourrait, moyennant une dépense de 400.000 francs, aménager un nouveau lac avec sa conduite d'amenée.

Plus tard on pourrait trouver, et recueillir par des procédés analogues à ceux employés au Mahury, des ressources peut-être plus abondantes dans un autre massif de collines, dit massif de Matoury, qui est situé, dans une autre direction, à peu près à la même distance de Cayenne que le premier. Quant au cinquième réservoir projeté au Mahury, il est mal conçu et ne rendrait pas de services.

PERSONNEL

Nous ne dirons qu'un mot de cette question, pour rappeler qu'il est impossible de faire et d'étudier sérieusement des travaux si on ne dispose pas d'un personnel suffisant et suffisamment expérimenté.

En 1908 le personnel des travaux publics de la Colonie comprenait :

3 conducteurs du cadre général,

3 conducteurs du cadre local,

9 commis du cadre local.

En dehors de l'entretien il s'occupait des travaux de la route coloniale dont nous avons parlé. En 1910 nous n'avons plus trouvé que

1 conducteur du cadre général,
1 conducteur du cadre local,
9 commis du cadre local.

Tout le travail de ce personnel était absorbé par l'entretien, notamment de très nombreux bâtiments. C'est à peine si, grâce à une remarquable énergie, le conducteur chef de service, réussissait à faire quelque chose pour l'amélioration du port et du service d'eau.

On a envoyé depuis un ingénieur des ponts et chaussées. Mais, quelle que soit son activité, il ne peut pas tout faire par lui-même. A notre avis il faudrait renforcer son personnel d'au moins deux conducteurs et un commis. Et comme les fonctionnaires du cadre local n'ont pas eu l'occasion de se former à la pratique des travaux autres que ceux de bâtiments, il est indispensable que tout le personnel nouveau soit pris dans le cadre général.

RÉSUMÉ ET CONCLUSIONS

En résumé, pour provoquer l'essor de la Guyane, il est nécessaire et suffisant de construire un chemin de fer de pénétration qui coûtera une vingtaine de millions, qui fournira dès le début des bénéfices d'exploitation et qui rémunèrera son capital de construction, peut-être d'emblée, en tout cas au bout de très peu d'années.

Le mouvement commercial créé par ce chemin de fer nécessitera à son tour la transformation du port de

Cayenne. Mais à cette époque les ressources ne manqueront plus pour faire face à tous les besoins.

D'autre part, avant même d'entreprendre le chemin de fer, les circonstances demandent l'exécution de travaux plus modestes, nécessaires pour permettre à la Colonie de vivre dans ses conditions actuelles, et qui rendront d'ailleurs la construction de la voie ferrée plus facile et moins coûteuse. Ces travaux sont les suivants :

Aménagement du port actuel .	1.000.000		
Dégagement du Tour de l'Ile .	450.000		
Piste de Cacao à l'Inini . . .	100.000	à	200.000
Remise en état du service d'eau.	250.000	à	450.000
à quoi on peut ajouter à la rigueur			
Route coloniale n° 1	650.000	ou	1.200.000

En tenant compte des accessoires et imprévus, la réalisation de ce programme provisoire coûtera donc de deux millions et demi à trois millions et demi, selon l'ampleur qu'on voudra lui donner. La Colonie peut le réaliser à elle seule, sans subvention. Ses ressources consistent dans ses réserves, qui atteignent un million, et dans ses excédents de recettes, qui sont annuellement de 300.000 francs environ. Etant libre de toute dette, elle peut emprunter.

Elle a déjà demandé à passer à l'exécution, en offrant de tout payer.

Voyons ce qui se passerait, s'il s'agissait d'un département au lieu d'une colonie. L'aménagement du port et le dégagement du Tour de l'Ile seraient mis, construction et entretien, à la charge de l'Etat, qui demanderait peut-être, mais pas nécessairement, une contribution aux intérêts locaux. La route, qui réunit les trois principaux établissements pénitentiers, serait classée dans le réseau national, à la charge de l'Etat, construction et entretien. La piste de l'Inini constituerait un chemin vicinal, les travaux seraient subventionnés par l'Etat, à concurrence de plus de 60 0/0, sans compter les subventions extraordinaires pour ouvrages d'art exceptionnels. Quant aux travaux relatifs à l'eau potable, le Pari Mutuel, c'est-à-dire l'Etat, interviendrait pour 80 0/0. En France, donc, l'Etat fournirait plus des trois quarts de la dépense. En Guyane la colonie prend tout à sa charge, et ses 30.000 habitants sont en état de faire à leurs frais pour trois millions et demi de travaux, ce que ne ferait pas un département de 300.000 habitants. Ces 30.000 habitants alimentent un budget colonial de trois millions et demi ; pour une population égale à celle de la France cela ferait près de quatre milliards et demi. Ces seuls chiffres nous semblent suffire à démontrer que la Guyane est loin d'être une colonie sans ressources ni avenir.

Et il y a bien mieux ! Tous les services d'Etat, qui en France sont à la charge de l'Etat, sont en Guyane à la charge de la Colonie. L'Etat ne paie que :

Une part de 20.000 francs sur la subvention totale de 100.000 francs du câble télégraphique, ce qui est loin de représenter la proportion d'intérêt gouvernemental et pénitencier,

Et l'entretien d'un squelette de compagnie d'infanterie, dont la seule raison d'être est le bagne.

Nous ne comptons pas la part de subvention de la Compagnie Générale Transatlantique, parce que cette Compagnie a ajouté un service libre au service subventionné, ce qui prouve, soit dit en passant, qu'elle a avantage à desservir la Guyane, ce pays prétendu mort et sans commerce.

Tout le reste est à la charge de la Colonie, même, quelque incroyable que cela paraisse, la gendarmerie du Maroni, siège du bagne. Quant aux intérêts directs ou indirects que la présence de celui-ci procure au pays, ils sont nuls. Le peu de main-d'œuvre pénale qui est, contre paiement, affecté aux travaux d'intérêt général peut à peine être considéré comme compensant les sacrifices qu'impose à la Colonie par exemple la présence des libérés, qui alimentent à peu près à eux seuls la Cour d'Assises. Pour ce qui est des bénéfices indirects, c'est à dire la part des droits de consommation et de douane provenant de la population pénale et pénitentiaire, la Colonie les rembourse à la « Commune pénitentiaire » du Maroni.

En un mot la Guyane, qui vit entièrement à ses frais, sans rien coûter à la France, contrairement à la légende, supporte même une partie des dépenses d'Etat. Nous étions donc bien fondé, en débutant, à dire que la Guyane, cette colonie prétendue moribonde, est dans une meilleure situation que la plupart des départements, puisque, sans rien recevoir de l'Etat, elle le subventionne. Or en France, lorsqu'un département, qui ne contribue pas aux services d'Etat fonctionnant sur son territoire, qui laisse à la charge de l'Etat toutes les dépenses de navigation, qui de plus se fait largement subventionner pour ses chemins et eaux potables, quand un semblable département a besoin d'un chemin de fer, l'État en fait son affaire, ou tout au moins subventionne l'entreprise (loi de 1880). La Guyane n'est-elle pas justifiée à demander qu'on lui accorde enfin quelque chose ? Si le sacrifice à faire était lourd, la question serait délicate. Mais de quoi s'agit-il ? De fournir, pendant peu d'années, et en étant sûr d'en être rapidement remboursé, une partie de l'annuité d'une vingtaine de millions. Que l'on compare les exigences annuelles de la plupart des départements français.

Il ne suffit pas de présenter ainsi la question. Elle peut et doit être envisagée à un point de vue plus élevé. Un grand pays n'est pas une maison de commerce : ce n'est pas par un bilan seulement que se mesure la réussite de ses entreprises. La colonisation n'a pas pour but unique de grossir le budget : elle vise à ouvrir à la civilisation des territoires nouveaux et à fournir une plus vaste carrière à l'activité des citoyens. Voici bientôt trois siècles que la France se débat en Guyane sans atteindre au même résultat que ses voisins : il est temps de sortir de cette ornière.

TABLE DES MATIÈRES

LAVAL. — IMPRIMERIE L. BARNÉOUD ET Cie.

107

www.ingramcontent.com/pod-product-compliance
Lightning Source LLC
LaVergne TN
LVHW020248230826
846091LV00006B/2303

9782013380454